Dios nos llama o la profecía del amor

DIOS NOS LLAMA O LA PROFECÍA DEL AMOR

Una revelación de amor, paz y bondad

ARIS RAYAKI

Número de Control de la Biblioteca del Congreso de EE. UU.:   2011918682
ISBN: Tapa Blanda   978-1-4633-1130-8
                         Libro Electrónico   978-1-4633-1129-2

Primera edición en español, 1970
Segunda edición en español, 2010
Tercera edición en español, 2011

Título original:
"Dios nos llama o la Profecía del Amor"
Todos los derechos registrados

Imágenes de la portada y contraportada:
Rocío Verduzco, "Tariqa Diseño Gráfico"

Este Libro fue impreso en los Estados Unidos de América.

Para pedidos de copias adicionales de este libro, por favor contacte con:
Palibrio
1663 Liberty Drive
Suite 200
Bloomington, IN 47403
Llamadas desde los EE.UU. 877.407.5847
Llamadas internacionales +1.812.671.9757
Fax: +1.812.355.1576
ventas@palibrio.com
364385

Indice

Prólogo
a La Tercera Edición

Cuenta una antigua historia que cierto pueblo sufrió durante cinco años consecutivos una terrible sequía. A pesar de que la comunidad solicitó en varias ocasiones los servicios de famosos Hacedores de Lluvia ninguno logró solucionar el problema. En un último y desesperado intento, los habitantes del pueblo decidieron pedir ayuda a un famoso Hacedor de Lluvia de un lejano país. Cuando éste llegó al pueblo, alzó su tienda de campaña, entró en ella y desapareció durante cuatro días. Al quinto día, la anhelada lluvia empezó a caer en abundancia, regando la tierra agrietada por la sequía. Sin dar crédito a sus ojos, los habitantes del pueblo preguntaron al Hacedor de Lluvia cómo había logrado obrar semejante milagro.

"El mérito no es mío -replicó el Hacedor modestamente-, yo no he hecho nada". Ante aquella desconcertante respuesta, la gente del pueblo exclamó: "¡Es imposible!".

"Lo primero que advertí al llegar-explicó el Hacedor-es que vuestro pueblo no vivía en armonía con el cielo. Tras armonizar mi ser con el poder divino durante cuatro días, el cielo os obsequió con su agua de lluvia".

Vivimos en la era de la información, en la asombrosa era de la tecnología, en la era de la impaciencia. Vivimos a gran velocidad, saturados de todo tipo de estímulos, de bombardeos publicitarios, de comodidad y al mismo tiempo de gran aislamiento.

Vivimos en la época en que podemos asombrarnos una y otra vez ante la genialidad y creatividad del género humano y también horrorizarnos de su alto poder destructivo.

Sumergidos en este contexto, atractivo y seductor, fácilmente caemos en el espejismo de querer llenar nuestro vacío interno con fuentes externas: relaciones, actividades, bienes materiales, consumismo extremo, que sacian nuestra sed momentáneamente, pero que después de algún tiempo nos deja más sedientos y vacios de lo que estábamos.

Ya desde tiempos de Jesucristo, la mujer samaritana que se describe en el Evangelio de San Juan, personifica esa tendencia humana de querer solucionar nuestra vida desde afuera. Sin embargo Jesús es firme al decirle: "Todo el que beba de esta agua volverá a tener sed, pero el que beba del agua que yo le daré, no volverá a tener sed jamás, sino que dentro de él esa agua se convertirá en un manantial del que brotará vida eterna". Juan 4 versículos 13,14 y 15.

Dios insiste y continuamente llama a nuestra puerta a través de mensajeros a lo largo de la historia de la humanidad para recordarnos que sólo la unión sostenida con él puede saciar nuestra sed de manera permanente y darnos sabiduría.

Ciertamente Aris Rayaki es uno de esos seres sensibles que Dios eligió en la obscuridad total y el silencio profundo y eterno que puede existir a cientos de metros de distancia de la superficie terrestre para insistir en su mensaje.

Si bien Aris Rayaki empezó a descubrir desde edad temprana un fuerte llamado espiritual, no fue sino hasta que siendo ingeniero de minas en Real del Monte y en Pachuca, Hidalgo, se intensificó esta conexión divina al través de distintos seres de luz en un período de treinta años.

Buscándolos de manera sistemática y, siendo buscado y encontrado en sus largos recorridos en solitario a través de las minas, pudo ser receptor humilde y obediente en su tarea de registrar y difundir este conocimiento y enseñanzas.

"Dios nos llama o la Profecía del Amor" es un libro excepcional que, aunque se dirige a aquellos que sienten un gran vacío en su corazón, está llamado a ser un documento de consulta permanente para todos aquellos que quieren tener una vida feliz, fructífera y plena.

En la primera parte del libro, Aris Rayaki describe su propio proceso y la promesa de Dios de Iluminación para todos aquellos que se conecten y sigan el sendero que El nos marca. La segunda parte expone 12 preceptos análogos a los 10 mandamientos revelados a Moisés en el Antiguo Testamento.

"Dios nos Llama" es una invitación a elegir el camino del Amor y el Servicio a nuestros semejantes. Es un libro sencillo, directo, extrañamente simple para ser verdad, si estamos acostumbrados en buscar en la complejidad la solución de nuestros problemas. Lo aparentemente simple es sustancialmente profundo por su sencilla simplicidad y, en consecuencia, fácil de comprender y practicar.

Los seres humanos estamos predestinados a hacer milagros en tanto que drásticamente hagamos un alto en nuestras agitadas vidas, armonicemos con nuestro creador y nos comprometamos a obedecer. Tal y como le ocurrió al "Hacedor de Lluvia", con quien di inicio a este prólogo.

"Los ríos profundos fluyen en silencio, sólo los arroyos fluyen con rumor", dice un viejo Proverbio Hindú.

Aris Rayaki, mi suegrito o segundo padre como cariñosamente le llamo, es como un río profundo que fluye en silencio, sencillo, humilde, prudente, fuente de amor y bendición en nuestras vidas y en las vidas de muchas personas que le rodean.

Con 80 años d edad, sigue cumpliendo la misión que le fue encomendada: llevar aliento y esperanza a los necesitados a través de la difusión de las enseñanzas que le fueron reveladas.

En los albores de esta nueva era, el poder de la raza humana radicará en el conocimiento, la iluminación y la espiritualidad, las semillas de su armonía y grandeza. Para regar las semillas que harán florecer la grandeza humana, A. Rayaki deja este legado para las actuales generaciones y las venideras

Patricia García Ranz
Desarrollista Humana y Escritora
Junio del 2010

Dios nos Llama

Y nos enseña a encontrar por medio del AMOR

¡PAZ, HERMANDAD, ESPIRITUALIDAD!

La senda del Espíritu.   La Eterna Felicidad.

Éste es un pequeño y breve libro de AMOR,
escrito por mí, pero DADO E INSPIRADO POR DIOS
para los seres humano.

En las páginas de este libro, el lector encontrará:

(P) *Pensamientos del autor*
(M) *Mensajes de AMOR DE DIOS*

(P)

Este libro está especialmente escrito para
quienes sienten un gran vacío
en su corazón; para los que viven desasosegados,
para los intranquilos, los inconformes;
para aquellos que pese a los logros materiales
alcanzados, no encuentran paz, ni tranquilidad,
ni bienestar, ni felicidad, y para quienes
viven creyendo perdida su fe.

También está escrito para los infortunados,
los desesperanzados, los que viven perdidos,
perseguidos y abandonados; para los que sufren,
lloran, piden, esperan.
para todos ellos, en nombre de DIOS,
con AMOR.

(M)

Hijo mío:

ve por el Mundo.

Busca el Sendero para ti iluminado.

Ten la seguridad y la confianza

de que serás comprendido y escuchado.

Llama con Fe a las conciencias

y se abrirán con AMOR los corazones.

(P)

No soy, ni pretendo ser, un hombre
predestinado. Tampoco creo tener las virtudes
suficientes, como para haber merecido
el privilegio de recibir, para el mundo, el hermoso
y profundo mensaje que por medio de este
pequeño y breve libro nos envía con AMOR,
desde el más allá, DIOS.

Me considero, sí, un ser sensitivo e idealista,
admirador de cuanto es justo, honrado,
recto, y desearía de vosotros lo mismo:
pues los altos designios del Señor
prevalecen sobre cualquier poder, fuerza
y voluntad por nosotros conocidos. Solamente
Él, con su infinita Sabiduría, sabe cuándo,
cómo y por qué hace las cosas. Por eso
debemos tener fe y confianza en Sus designios
y su Suprema y Divina Voluntad.

(P)

Quisiera pensar por un instante
que soy un vehículo elegido por DIOS para su obra.
Pero el vehículo más humilde, más pequeño
e insignificante.

¡Oh, DIOS MÍO! No permitas que
el orgullo y la vanidad me cieguen; comprendo
que no soy sino un átomo en la infinita
vastedad del universo. Permíteme conservarme
así, humilde, minúsculo e insignificante, pero sin
abandonarte. Bríndame siempre, Señor,
tu Misericordia y Generosidad.

(P)

En este libro escrita está la palabra de
DIOS. Su contenido nos enseña el camino que,
si lo seguimos, nos llevará tarde o temprano a Él.

Nos fue dado con fe y AMOR por
DIOS, para obtener progreso, superación
y elevación espiritual; y una vez logrado esto,
alcanzar nuestra *iluminación* en esta vida,
y en el más allá, nuestra eterna salvación.

También encontrará, quien lo lea y siga
sus enseñanzas, la senda para lograr luz,
bienestar, paz, felicidad y espiritualidad.

Y si vuestra religión lo enseña o vuestra
razón lo acepta y fundamenta, este libro es y será
la Voz, la Luz, y la Senda que allanarán el camino
del nuevo *instructor* del Mundo que llegará
a nosotros, para la eterna salvación de quien
lo escuche y siga.

(P)

No temas oír ni pronunciar la palabra
DIOS: a menos que seas ateo, profesas
alguna religión; y en todas ellas se nombra,
de una manera u otra, a DIOS.

DIOS, es AMOR, es Bondad, es
Misericordia y Generosidad.

Si deseas en verdad la Luz y la Sabiduría
de DIOS encontrar y gozar, forma en
tu corazón, para ÉL, un altar.

(M)

Mi Llamado

(Que si lo deseáis, lo es también vuestro)

Hijo mío, mi muy amado y querido hijo:
Te necesito para hacer realidad mis
Deseos. Condúcete con fe y fortaleza por el camino
que te ha sido señalado. No cejes, no dudes,
no te desalientes. Sigue siempre con la frente
en alto, sabiendo que llevas la verdad
en tu conciencia y en tu corazón.
Adelante hijo mío, adelante,
pues llevas en ti la bendición mía.

Si te busco, es porque veo en ti buena
voluntad, y disposición para concretar mis
Deseos y mi Llamado.
Hijo mío: ante mis ojos tú vales mucho,
porque en ti germina mi Semilla, porque eres
tierra fértil donde mis plegarias se hacen realidad,
porque creo que vencerás lo malo que
haya en ti y lograrás dar a tu ser y a tu espíritu
la fuerza inexcusable para llevar adelante mi Signo,
mi Luz, mi Voz y mi Verdad.

Hijo mío, mi muy amado y querido hijo:
te necesito, no me abandones, dale a tu vida
la fuerza imprescindible para llevar a feliz término
mi Llamado. Ten fe: cree siempre que cuanto
te ha sido dado, es porque era indispensable
para el movimiento de *ESPIRITUALIZACIÓN*, el cual
llenará muy pronto el mundo en el cual vives.

(M)

Tú, como miles en tu mundo, estas
recibiendo mi Llamado; hazlo realidad y dame
la felicidad de que no sean infructuosas
mis esperanzas puestas en ti.

Adelante, hijo mío, cuentas con mi Apoyo
y con mi Bendición. No dudes, sé perseverante;
y aunque sufras, y seas perseguido y señalado,
no desmayes en tu obra; te será recompensado
con creces el esfuerzo que hoy le dedicas
a mi Señal y mi Llamado.

Muy pronto verás cómo tus esfuerzos
obtienen resultados: entonces serás feliz y gozarás
de la dicha que a raudales recibirás.

Sé generoso, sé misericordioso, sé largo
con tus bienes, sé fervoroso, sé humilde, sé amoroso
con tu familia y sigue la Luz de la Verdad en el
sendero que te ha sido revelado.

Hijo mío, mi muy amado y querido hijo:
te necesito y tú Me necesitas; juntemos por lo tanto
nuestros espíritus y nuestras vidas, y hagamos una
verdadera unión de AMOR y felicidad.

Adiós, hijo mío, piensa en Mí y reza
para que tu pensamiento llegue a Mí y fructifique.

Yo te bendigo y recibes mi Bendición
y mi AMOR, por medio de Luz y Sabiduría.

(M)

Recuerda siempre, hijo mío:

Cada instante es eterno para aquel que en la
miseria, el dolor, el sufrimiento y la angustia vive.

Piensa, piensa por una vez siquiera en quien
en hospitales, prisiones y tugurios,
vive.

Piensa por una vez siquiera, cuán triste,
solo, enfermo, torturado y angustiado está.
Piensa en su sufrimiento, su pobreza, y abandono;
conmuévete, apiádate de él y bríndale esmero,
AMOR y paz.

Verdad es (y ten la certidumbre de que una
gran verdad es), lo que te digo: si hoy en la
abundancia vives y no prestas atención, auxilio
y AMOR al necesitado, mañana en la pobreza,
en la ruina material y espiritual, te hallarás.
Esta vida que ahora gozas es muy corta;
la otra es muy larga, es eterna. Cuanto hoy
siembras en esta, en la otra lo cosecharás.

(P)

Qué fuertes son, Señor, tu Voz y tu Llamado.
Todo mi ser vibra y se estremece al escucharte,
e imposible será desde hoy y para siempre,
cerrar mi corazón a tu ruego y tu demanda.

Cuán triste, pobre e infeliz sería mi vida
si rompiera el vínculo de Luz y Sabiduría
que a ti me une, Señor; perdería en un instante,
por toda la eternidad, mi alma
y mi espíritu, mi futuro mismo.

Mi vida ya está en tus Manos, Señor:
te seguiré por donde Tú me llames, por el camino
que me elijas, por el sendero que me señales.
Seguiré incansable tu Luz, tu Señal, tu Signo,
tu Verdad, y no desfalleceré ni desmayaré hasta
ver cumplida mi misión, sean cuales fueren
los obstáculos y las espinas que en el camino
encuentre.

Soy tuyo, Señor, en cuerpo, alma y espíritu;
pero no solamente porque Tú lo deseas, aunque
con eso bastaría. Soy tuyo, Señor, porque lo siento
en lo más profundo de mi alma y de mi corazón.
Por un íntimo y feliz convencimiento de que tu Luz,
tu Señal y tu Verdad, son lo más grande, bello, bueno
y verdadero de cuanto existe en esta y otras vidas.

Soy tuyo, Señor, sin condición, sin duda,
y sin recelo. Tómame por favor entero, y entrégame
a mis semejantes, por Ti, y buscándote eternamente
con AMOR, a Ti.

(P)

Días aciagos, tristes y aterradores (muy próximos
por desgracia ya), esperan al hombre en su
paso por esta vida y en el mundo terrenal.
Necesario será sufrir, para poder encontrar
nuevamente el ya olvidado y casi perdido
Sendero del Espíritu.

Dichoso quien (ahora cuando aún es tiempo)
piensa, comprende y cambia el rumbo de su
equivocada existencia materialista, pues
llegado el *día*, el *infortunado día*, será uno
de los escogidos, uno de los elegidos que sobrevivirán
en cuerpo y espíritu a la hecatombe terrenal.

Mas infeliz y desgraciado, quien preste oídos
sordos al *Llamado*, quien no desee mirar
y comprender cuán próxima se encuentra ya
su ruina material y espiritual; y el que, soberbio
y orgulloso de sus riquezas, posesiones y bienes
materiales, vuelva la espalda a la *Demanda*
de AQUEL (DIOS) que tanto lo ama, y que
sólo su bienestar y eterna felicidad quiere.
Sufrirá, mucho sufrirá, eternamente sufrirá,
y llorará su incomprensión, su necedad
y su abandono.

(P)

¡OH, DIOS MÍO! Qué necios y miserables
somos.

¿A qué nos aferramos con desesperación
en nuestra vida? A un trozo de tierra, a un puñado
de oro, como si todo eso fuera a ser nuestra
salvación, después de la muerte. Apiádate *SEÑOR*
de nosotros. Mira nuestra miseria, pequeñez
e insignificancia: basura cósmica somos,
comparados con tu Grandeza y Magnificencia.

Ten misericordia de nosotros y haz que tu Luz
y Sabiduría llenen nuestra existencia, para poder,
ahora que todavía es tiempo, encontrarTe
y comprenderTe todavía.

(M)

¡Oh vano afán aquel, de acumular riquezas
y bienes materiales, sin medida y sin fin!

¡Oh vano afán aquel, de sólo buscar en la
vida: gozo, placer y diversión!

¡Oh vano afán aquel, de obtener fuerza, riqueza
y poder, para satisfacer el orgullo, la soberbia
y la vanidad!

¡Oh vano afán aquel, de sojuzgar, humillar y
esclavizar, buscando destruir el cuerpo y el
espíritu del justo, del pobre y del débil!

¡Oh vano afán aquél, de anhelar
la inmortalidad, tratando de perpetuar vuestro
nombre e imagen, en posesiones terrenales, en
bienes materiales!

¡Oh vano afán, aquél por el cual luchas, por
el que vives, ése por el que pierdes en cada
instante de tu vida, tu futura felicidad!

En verdad te digo: ya corto es el plazo,
ya cercano está el día, en el que todo se acabará, en el
cual todo terminará, todo se perderá. Todo,
recuérdalo, menos el espíritu.

Por eso te pido: piensa, medita, siente y acrecienta
tu Fe y tu AMOR por MI.

Busca presuroso la *Senda del Espíritu*: aún
es tiempo, todavía puedes encontrarme y obtener
tu elevación, tu purificación, tu iluminación,
tu eterna salvación.

(M)

Te preguntarás sin duda ahora y más adelante:
¿quién es El que así me habla, El que así
me busca, El que así me ama? Y tendrás esta
respuesta:

Soy DIOS; llámame, búscame, encuéntrame
en aquél que sea el Maestro o Guía
de tu religión.

Soy DIOS presente en ti, en cuantas cosas
te rodean: en el agua, en el viento, en
la luz, en el átomo, en el Universo.

Soy DIOS, quien te busca, te ama
y te necesita para completar su obra.

(M)

Tú serás ILUMINADO,
porque has escuchado mi Palabra,
y seguido mis consejos, mis leyes,
preceptos y plegarias.

Tú serás ILUMINADO,
porque llenado has
tu existencia y tu alma,
con la Luz del AMOR
que desde el Universo emana,
y por seguir la voz de la Verdad,
que desde el Infinito llama.

Tú serás ILUMINADO,
y rimarás tu luz y tu vida con la mía,
y recibirás para tu bien
y el de mis hijos,
quienes a tu piedad y tu AMOR confío,
mi Generosidad y Misericordia infinitas,
y tuyo será todo lo mío.

Tú serás ILUMINADO,
porque eres noble,
porque eres bueno,
porque eres digno,
y con fe y con amor lo has ganado;
tuyo será desde hoy y para siempre
cuanto soy, cuanto poseo,
y lo que para tu vida
y tu mundo represento:
lo bello, lo grande, lo santo,
lo sabio, lo excelso, lo divino y lo eterno.
Tú serás por mí ILUMINADO.

(P)

Ser ILUMINADO, es encontrar y gozar
en este Mundo, la luz, el amor, la magnificencia
y la sabiduría de DIOS.

Ser ILUMINADO, es descubrir y seguir el
camino verdadero, que nos llevará más
rápidamente a DIOS, entendiendo y comprendiendo
por qué venimos a este Mundo, a llevar una
existencia a veces aparentemente vacía,
inútil y absurda.

Ser ILUMINADO, es hallar la rima
exacta y perfecta con el más allá, con el Infinito,
con el Universo, con DIOS; y así recibir su
Misericordia y Generosidad, que son
eternas e infinitas.

Ser ILUMINADO, es alcanzar en nuestra
vida paz, bienestar, y felicidad. Cualidades
difíciles de lograr y obtener, en esta
época tan llena de egoísmo y materialismo.

Ser ILUMINADO, es llegar a saber que
sólo el camino de la Hermandad y de la
Espiritualidad debemos seguir en
nuestro paso por esta vida, para
después, eternamente,
gozar de los favores y del AMOR de
DIOS.

(M)

PRECEPTOS

Hijo Mío:

Estos doce preceptos que con AMOR te
Brindo, son la LUZ, la SABIDURIA y la
VERDAD de la vida.

Para mi hijo:

El hombre terrenal.
El hombre de todas las naciones.
El hombre Universal.

Pongo en ti mi fe:
en tu AMOR, en tu piedad,
en tu misericordia y generosidad
y en tu noble y buena voluntad.
Así sea por y para tu bien.

(M)

Precepto 1

Prodiga por doquier

tu AMOR y tu piedad;

y de Mí a cambio de ello,

la Luz y la Sabiduría

por siempre obtendrás.

(M)

Precepto 2

Reparte con los demás

lo mucho o poco que tengas;

pues si mucho tienes,

tanto no necesitas;

y si poco tienes,

Yo te daré más.

(M)

Precepto 3

Sé amable, afectuoso y respetuoso

con tu familia y con tus semejantes

que en tu Mundo viven,

pues mucho te necesitan

y tanto o más, tú a ellos.

(M)

PRECEPTO 4

Acepta de buen grado cuanto tienes,

pues mucho te ha sido dado;

más de lo que necesitas,

más de todo aquello

de lo cual con tan sólo un poco,

cualesquiera otras personas se conformarían.

(M)

PRECEPTO 5

Reza mucho y visita Mi casa;

siempre en ella me encontrarás.

Y recuerda que las oraciones

son el vehículo por el cual,

más pronto, puedes llegar a Mí.

(M)

PRECEPTO 6

Llénate de salud

observando una vida

ordenada y disciplinada,

y encuentra el bienestar corporal

en la comida, en la bebida

y en los ejercicios.

Pero procura, de todo eso, no abusar.

(M)

PRECEPTO 7

Sé paciente y sé tranquilo,

pues todo lo contrario,

te acarrea desasosiego

y por ende enfermedad.

Si algo perturba tu espíritu,

piensa en Mí, y la paz

y la tranquilidad encontrarás.

(M)

Precepto 8

No dudes… La duda enferma tu alma

y no te deja progresar.

Ten fe: ten fe en lo que haces,

en lo que piensas, en lo que quieres.

Sólo con fe progresarás.

(M)

PRECEPTO 9

No des importancia ni valor

a las cosas materiales;

pues si hoy en la abundancia vives,

mañana quizás en la pobreza

material y espiritual te encontrarás.

Cultiva por tu bien el espíritu,

pues sólo así Me encontrarás.

(M)

Precepto 10

Busca, goza y sé feliz…

Procura encontrar en la naturaleza

el más alto grado de espiritualidad.

Encuentra en las cosas buenas,

bellas y sencillas,

lo que tanto anhelas:

paz, bienestar, felicidad.

(M)

Precepto 11

Sea cual fuere la nación en la cual vivas,

procura observar

sus leyes y ordenanzas;

y recuerda que en tus actos

como norma prevalezcan:

la lealtad, la honradez,

el respeto y la moral.

Únicamente así guardarás,

para Mí, fidelidad.

(M)

Precepto 12

Y por último te digo:

Sé generoso, sé misericordioso,

sé largo con tus bienes

y sobre todo, muy fervoroso,

y el sendero hacia Mí encontrarás;

en mi reino, hoy y siempre vivirás.

(P)

A ti, que tienes en tus Manos la fuerza
del *PODER*, la Fuerza que avasalla o dignifica,
la Fuerza que lo mismo da dolor y miseria, que
bienestar y felicidad a los hombres;

A ti elevo mi plegaria, mi llamado, mi voz.

A ti que tienes en tus manos la fuerza
del *PODER*, elevo mi plegaria, mi llamado, mi voz;
y pongo en tu existencia para que las prodigues:
paz, luz, fe y AMOR.

(M)

Dale Luz a tu conciencia, se justo, honrado
y recto; aleja de ti todo sentimiento de intolerancia,
odio, egoísmo y desamor. Procura nunca caer
en el error de convertirte, indebida
e ignominiosamente, de la vida y destinos
de los hombres, en juez, dueño y señor.
Porque recuerda esto: por mi *Sabiduría*,
solamente puedo serlo
YO.

(M)

¡Oh! Necio aquél
que ve y no mira;
escucha y no comprende;
busca, encuentra,
y por su egoísmo y desidia,
no actúa.

Tienes a tu alcance
la oportunidad de elevarte,
de mejorarte, de progresar.
Cambia tu vida,
sigue mis sencillos *Preceptos*,
y Yo te lo afirmo:
Me encontrarás, te salvarás.

(M)

Toma Mi mano,
y tiende la tuya
a tu hermano
que la necesita.

Toma Mis ojos,
y mira a tu hermano;
apiádate de él,
ayúdalo y ámalo.

Toma Mi corazón,
y haz con él una
urna de AMOR,
que tus deberes y obligaciones guarde.

TómaMe entero,
llénate de Mí
y daMe a tus prójimos
con AMOR, piedad,
misericordia y generosidad.

(M)

Tu hermano en el mundo
es aquél que a ti se parece,
sin importar nada de él: ni en cual país vive,
ni el color de su piel,
ni la lengua que hable,
ni su religión, credo o fe.

Tu hermano en el mundo
es aquél que a ti se parece,
porque como tú, tiene
cuerpo, alma, espíritu, ser,
frío, miedo, hambre, pena, sed.

Todos de mí proceden,
y a mí tendrán qué volver;
mas si a tu hermano aborreces,
le escarneces, o le hieres,
jamás me podrás ver.

Si en verdad en Mí crees
y me buscas y me amas,
alivia hoy su dolor,
mitiga su hambre y su sed,
prodígale paz y perdón,
eleva su corazón,
eleva tu corazón,
hasta mi REINO DE AMOR.

(P)

¿Cómo puedo, ¡oh, Dios mío!,
vivir tan feliz, tan tranquilo,
tan quitado de toda pena y sufrimiento,
en medio de tanto lujo,
riqueza y autocomplacencia?

¿Cómo puedo, ¡oh, Dios mío!, vivir así,
cuando sé que allá lejos
se encuentra mi hermano,
triste, enfermo,
y en su pobreza abandonado?
¿Sin el auxilio de AMOR,
que tenderle puede
mi corazón y mi mano?
¿Cómo puedo, ¡oh, Dios mío!, vivir así?
¿Cómo puedo, ¡oh, Dios mío!,
si tanto te amo, hacerte sufrir?

(P)

Recordemos con gratitud,
fervor, AMOR y veneración,
según sea nuestra religión,
a los Grandes Maestros—Guías.

DEL AMOR Y LA SABIDURÍA UNIVERSALES

Mucho se ha dicho y verdad es, que todas
las religiones son buenas y que todas por igual
sirven y ayudan al hombre, porque todas conducen,
aunque por diferentes caminos y diversos
rituales, a un mismo fin, a DIOS.

En todas ellas ha habido, hay y habrá,
hombres nobles, sabios y misericordiosos, quienes
han luchado e incluso han dado su vida, para
alcanzar (para ellos y para sus semejantes): la paz,
el AMOR, la hermandad, la espiritualidad.

Depende pues del hombre, aprovechar esos
logros y sacrificios, para encontrar el sendero
de la Luz y la Sabiduría por ellos señalada
y llegar finalmente a Quien nos busca, a Quien nos
ama, al Que nos llama, a DIOS.

(M)

Hubo alguien, en otra época,
que palabras similares dijo:

"Soy la voz
que llama desde el más allá,
desde el Universo.
Allanad los caminos
del nuevo *Instructor del Mundo*
quien pronto llegará a vosotros,
para la redención y salvación
del que lo escuche y siga".

(P)

Debemos creer, porque así tiene que ser:
porque el actual momento de vida terrenal
así lo pide.

Porque sabemos y nos damos cuenta de cómo
el mundo está lleno de injusticias, de intolerancia,
de egoísmo, de odio, de guerras, de materialismo,
de desamor.

Debemos creer, porque así debe de ser,
que próxima está la llegada del nuevo
Instructor del Mundo, Maestro como quienes
lo precedieron, del Amor y la Sabiduría; vendrá
hasta nosotros para que lo escuchemos
y lo sigamos, todos aquellos hombres que de
buena voluntad, algo aún conservamos.

Él llegará, y una hermosa
Doctrina de Amor nos dará.

(M)

DOCTRINA DE AMOR

Para todos los hombres del mundo
que albergan, que buscan, que sienten
AMOR y Piedad.

Para todos los hombres del mundo
que llevan en su alma la noble,
la excelsa, Buena Voluntad.

Para todos los hombres del mundo,
les pido y a todos les DOY por igual:

¡PAZ, HERMANDAD, ESPIRITUALIDAD!

¡PAZ, HERMANDAD, ESPIRITUALIDAD!

¡PAZ, HERMANDAD, ESPIRITUALIDAD!

(M)

¡UNÍOS!

Hombres de todo el mundo, YO os pido:
escuchadme, escuchadme: ¡UNÍOS!
Por Mí, por mi Nombre, por cuanto
para vosotros SOY y represento, por MÍ,
por DIOS... ¡UNÍOS!

Acabad de una vez, con odios, egoísmos e intransigencias, que sólo os conducen (con pesar y dolor MÍOS) a divisiones y sectarismos, que existen sin fundamento y sin razón.

Verdad, sólo hay una, un único sentimiento ha de prevalecer, una sola palabra a seguir: AMOR. AMAOS los unos a los otros, como YO os AMO y siempre he AMADO.

Acrecentad los sentimientos de AMOR en vuestras vidas y en vuestros corazones, pues sólo el AMOR podrá dar a vuestro mundo, Paz, Hermandad, Espiritualidad.

Sólo el AMOR os UNIRÁ.

Sólo el AMOR os SALVARÁ.

(M)

La Verdad de la Vida

Hijo mío:

Has venido a tu Mundo, por un motivo y una razón: la superación, elevación y *Purificación* espiritual. Lo material es de una importancia pasajera: lo que verdaderamente vale y perdura, son las virtudes que enaltecen y ennoblecen el espíritu.

La práctica constante de *AMOR, Piedad, Misericordia y Generosidad* para tus semejantes, *purificarán* tu vida, tu ser, tu alma, y lograrás así obtener la Luz y la Sabiduría mías: es decir, la iluminación de tu espíritu.

Esta es, recuérdalo siempre, la Verdad y la razón de tu vida.

(M)

Pensamientos Universales de Elevación

Pensamientos para empezar el día

Dios mío, Dios mío, Dios mío:

Permite Señor, que la Verdad, la Buena Voluntad, la humildad, la Misericordia, la Generosidad, la caridad y la piedad, reinen hoy y siempre, en mi alma, en mi espíritu y en mi corazón. Asimismo permite Señor que estos sentimientos de nobleza y de bondad, sirvan para guardar la fidelidad que te debo, porque eres mi Padre y soy tu hijo que mucho te ama y te respeta.

Dios mío, Dios mío, Dios mío:

Reina siempre en mi existencia y llénala Señor, de paz, de luz, de fe, de AMOR, de bienestar y de felicidad.

(M)

Pensamientos de AMOR y PERDÓN

Dios mío:

Permíteme darle a tu hijo,
que es mi hermano,

PAZ y AMOR; y si me ofende el PERDÓN

y bendícele Señor
por medio de mi mano,
de mi pensamiento y de mi corazón.

Este pensamiento otorga un gran poder y beneficio, tanto al que lo da como al que lo recibe.

Prodigándolo siempre a nuestros prójimos, lograremos desterrar de nuestra mente y de nuestro corazón, todo sentimiento de odio, de egoísmo, de envidia, de venganza, de ira, de intolerancia e intransigencia, llenando al mismo tiempo nuestra vida de paz, bienestar, felicidad.

(M)

Pensamiento para cuando termina el día, al acostarse

Dios mío, Dios mío, Dios mío:

Permite Señor que por mis acciones, rebosantes de AMOR y de Piedad para con mis semejantes, realizadas durante el transcurso de este día, obtenga tu reconocimiento a mi labor.

Permíteme recibir, *Señor*, si consideras que lo merezco, tu Bendición y, con ella, tu infinito AMOR.

(P)

El AMOR: bello, magnífico y sublime sentimiento, que nos ha sido dado a todos los hombres del mundo, sin distinción de raza, condición o credo.

El AMOR: entregado sin límite a todo lo creado, colma nuestra existencia de paz, bienestar, dicha y felicidad.

El AMOR: latente está en nuestro espíritu, nuestro corazón y nuestra mente; es el vehículo que nos conduce por el Sendero, nos acerca y nos lleva finalmente, a lo DIVINO, a lo INFINITO, a lo ETERNO… A DIOS.

(P)

LA ETERNA FELICIDAD

Felicidad es un estado físico o espiritual, que puede ser temporal o definitivo (eterno) y que nos inunda de paz, dicha, bienestar y tranquilidad.

La ETERNA FELICIDAD, se logra por medio del vehículo del AMOR, el cual nos encauza por el Sendero del Espíritu, iluminándolo con la Luz y la Sabiduría que nos otorga a su vez, con AMOR y Generosidad, DIOS.

LUZ

Amor—Sendero del Espíritu—Eterna Felicidad (DIOS)

SABIDURÍA

(M)

Hijo mío, mi muy amado y querido hijo:

Procura dejar este libro,
que con Fe y con AMOR te he dado,
siempre al alcance de tu mano,
para que sea tu guía, te dé Luz y Sabiduría,
norme los actos de tu vida
y eleve tu corazón y tu espíritu
hasta mi REINO DE AMOR,
donde con Bendiciones te aguardo.

Así sea por y para tu bien.

(M)

Si ahora me buscas,
llegado el día, el aciago día,
pan tendrás.

Si ahora me escuchas,
llegado el día, el infortunado día,
te salvarás.

Creed en Mí,
porque solamente *YO* os amo
y vuestro bienestar deseo.

Creed en Mí,
porque llegado el momento,
únicamente *YO* seré vuestro
Salvador.

Creed en Mí,
porque nada más *YO*
podré daros la felicidad eterna.
Creed en Mí, hijos míos, creed en Mí.

(P)

Si este mensaje de DIOS ha logrado su objetivo:
despertar en nuestro corazón y en nuestro espíritu
los sentimientos de AMOR y de PIEDAD hacia
nuestro prójimo, la ESPIRITUALIDAD en
nuestras vidas, hagamos con eso una
hermosa realidad en la medida
de nuestras posibilidades.

Formemos en cada villa, pueblo y ciudad, un club,
una sociedad, una institución que llene al mundo de AMOR,
fe, caridad, esperanza y piedad; que sea para
nuestros semejantes, un torrente continuo,
una lluvia incesante, de buena voluntad,
misericordia y generosidad. Todo ello abarrotado
de Luz y Sabiduría, pletórico del Espíritu
trascendental y divino de DIOS.

Necesito de aquellas personas que crean,
que sientan, que piensen como yo y cuenten
con los medios adecuados y suficientes, para
poder editar, publicar y difundir este libro, dado
e inspirado por DIOS, para que llegue
con su mensaje, en todos los idiomas,
a todos los rincones del mundo.

A. RAYAKI.